AF227044

8º Oc
1958

JEAN D'YV...

ÉTUDE

SUR

ALPHONSE XII

Roi d'Espagne

PARIS

...ERIE NOUVELLE (ASSOCIATIO.

II, RUE CADET

ALPHONSE XIII

ROI D'ESPAGNE

ÉTUDES

PAR

JEAN D'YVELET

ALPHONSE XIII

ROI D'ESPAGNE

PARIS

IMPRIMERIE NOUVELLE (ASSOCIATION OUVRIÈRE)

11, RUE CADET, 11

—

1905

NOS SOUVERAINS

AVANT-PROPOS

Le destin qui fait les parias fait aussi les empereurs et les rois.

Ceux-ci ont-ils plus de bonheur que ceux-là ?

Question délicate, dont la réponse est difficile.

En effet, les premiers vont dans la vie, misérables, loqueteux, ayant souvent faim ; mais ils n'ont que leur propre responsabilité. Et les seconds, qui n'ont aucun souci matériel, voient leur existence dorée empoisonnée par les lourdes charges morales qui leur incombent. Ils ne s'appartiennent pas. L'étiquette les étrangle, les courtisans les rongent ; il n'est pas un geste, pas une parole qu'ils ne puissent esquisser ou prononcer sans que le protocole les ait autorisés. Même dans leur intimité ils sont épiés, observés.

Amis et ennemis sont à l'affut de leurs moindres actes, les uns pour les encenser de louanges parfois

grotesques, les autres pour s'emparer de leurs fai-
blesses, de leurs travers dans le but de les livrer à la
malignité publique. Ah ! quelle aubaine pour le fami-
lier indiscret lorsqu'il a pu ridiculiser son maître par
quelque manie, par quelque petite tare découverte
même dans le secret de l'alcôve, puis jetée à l'histoire,
demesurément grossie !

Et cet espionnage plus ou moins vil, plus ou moins
intéressé, nous vaut des mémoires dont les auteurs,
répudiant toute modestie, se font une tribune pour
bafouer ceux qu'ils ont servi, pour se venger d'une
disgrâce.

Haine de valets que n'engraisse plus la bonne siné-
cure, rancune de chiens mordant la main qui les a
flattés et nourris.

Les puissants, si haut qu'ils soient placés dans
l'échelle sociale, si entourés qu'ils soient d'autorité et
d'honneurs, n'en sont pas moins des hommes. Ils ont,
comme les plus petits, des tares dont ils ne nous
doivent pas compte et nous ne devons pas, nous,
chercher à soulever les tentures de leur home, nous
n'avons pas le droit d'écouter aux portes quand ils sont
enfermés chez eux, quand ils ont dépouillé l'habit de
cour pour mettre leur robe de chambre et chausser
leurs pantoufles.

Le rôle de l'historien ou de l'écrivain que tente
l'étude d'un monarque n'est pas de dire au peuple
comment mange le souverain, comment il boit,

comment il dort, comment, en un mot, il se conduit dans sa vie privée.

Son devoir est d'envisager les événements, de les mettre en parallèle avec le caractère de celui qui les dirige et plus souvent même les subit. Il a l'obligation d'en analyser les circonstances, les causes et les conséquences sur lesquelles la postérité seule, avec l'impartialité que donne le recul des faits, peut porter un jugement sain et motivé.

N'oublions pas que celui que le hasard de la naissance appelle à monter sur un trône, pour présider aux destinées d'une nation. ne peut pas être considéré comme un être ordinaire, maître de ses actes et y apportant toujours une décision personnelle.

Dès son âge le plus tendre, alors que les autres enfants grandissent sans entraves, sans souci de l'avenir, de graves éducateurs lui apprennent son métier de roi. Et quand les petits bourgeois jouent ou rêvent selon leur fantaisie, le futur monarque, comprimé en quelque sorte, prisonnier de l'Etiquette, enfant assisté de la Grandeur, apprend à composer ses attitudes, à déguiser sa pensée.

A peine sorti des langes, dès qu'il fait ses premiers pas, des tourmenteurs austères, parés du titre de précepteurs, le prennent par la main et lui ressassent les principes de la domination.

L'étude prématurée l'arrache aux naïves aspirations, aux puériles croyances,

Trop tôt, on lui répète sans interruption qu'il est le Maître, qu'il sera le berger d'un troupeau.

Et ce troupeau, c'est un peuple! Avant de lui enseigner à penser, on en fait un soldat. Il s'initie à l'art de tuer selon les règles de la guerre. On exalte ce sentiment par le récit enjolivé des hauts faits de ses ancêtres. La Patrie ce sont ses aïeux, ses sujets sont nés pour le servir, et, sous sa férule, pour travailler à la grandeur de son Nom.

A-t-il d'autres rêves, on les brise. On s'efforce à lui durcir le cœur, on en fait un être hors la loi humaine.

Trop tôt, on l'enlève aux caresses maternelles.

Cette longue intimité de l'enfant avec la femme qui l'a conçu et qui est la joie de nos premiers ans, qui jette sur notre vie un souvenir si doux, lui est interdite de bonne heure.

A peine connaît-il les plaisirs de son âge ; on avance sa majorité.

Physiquement, il est encore un enfant alors qu'il est moralement un homme déjà fatigué.

Et quand sonne l'heure de cette majorité, quand il prend à son tour place au trône, il n'a pas le temps de pleurer le père qui lui cède la place, il faut qu'il règne.

A de bien rares exceptions près, il est tout différent de ce qu'il eut été avec une éducation normale.

En toute conscience, il n'est point permis de demander à ce produit d'un surmenage spécial d'avoir des idées, des sentiments autres que ceux dont on l'a pour ainsi dire gavé.

Il faut que le Créateur lui ait donné le génie pour que peu à peu il s'affranchisse et substitue son initiative, sa raison, son cœur aux dogmes dans lesquels on s'est plu à enfermer sa jeunesse.

Déloyal, serait de juger cet homme comme on en jugerait un autre.

Il a droit à l'indulgence de l'écrivain indépendant et qui place la Vérité au-dessus de ses haines, de ses préférences.

Aussi m'efforcerai-je, au cours de ces études, d'éviter toute allusion, à l'homme intime, toute indiscrétion sur la vie privée.

Les appréciations que je pourrai être conduit à faire, passeront au-dessus de lui pour atteindre ceux qui l'ont formé en lui inculquant qu'il n'avait rien de commun avec les autres hommes, ceux qui lui ont fait jouer à la politique alors que les bambins jouent aux billes !

Je n'oublierai pas que dans ses palais, dans le déploiement de sa force, dans son luxe, dans ses fêtes, il est souvent un paria et que le sourire aux lèvres, il a parfois au cœur le deuil de la Liberté !

ALPHONSE XIII

ROI D'ESPAGNE

Le hasard de l'actualité m'invite à commencer la série d'études que j'entreprends sur les souverains et chefs d'Etat, par le jeune roi d'Espagne, par l'adolescent entre les mains duquel est aujourd'hui le sceptre de Charles-Quint!

Le récent voyage que le roi fit à Paris et au cours duquel, par sa bonne grâce, il conquit toutes les sympathies des Français accourus sur nos boulevards, pour le saluer au passage et manifester, en acclamant sa personne, l'amitié qui les attache aux frères latins de l'autre côté des Pyrénées, a été trop longuement raconté dans les journaux et les revues de tous les pays, pour que je m'y arrête.

Dans quelques jours, avant de prendre sa retraite, M. Loubet, président de la République française, franchira la frontière pour aller au cœur de l'Espagne, à Madrid, rendre au gentil souverain la visite qu'il a faite à notre pays.

Il est aisé de prévoir l'accueil chaleureux que notre estimé Président recevra du peuple espagnol.

Ces déplacements de chefs d'Etat sont heureux; ils leur permettent, au milieu des fêtes, de l'allégresse générale, de voir de plus près le peuple. Et le souvenir des entrevues cordiales, des sentiments de sympathie échangés facilitent les ententes futures, diminuent les risques des luttes homicides.

Bien que d'un bout à l'autre de l'Europe les cités soient hérissées de baïonnettes, bien que les parcs militaires regorgent de canons, de boulets, bien que sur les côtes les arsenaux construisent des monstres d'acier, abominables machines de mort, il est consolant de constater que la guerre devient de moins en moins une atroce nécessité.

La philosophie, la science, ont dompté les ambitions démesurées. Les moyens de destruction sont tels que les plus hardis, que les plus enclins à la gloire vaine des armes, n'osent plus en provoquer l'usage.

Et cette Espagne dont le passé fut si brillant, n'a-t-elle pas eu le bonheur d'apprécier, en 1884, les bienfaits de l'arbitrage à propos de l'incident des Carolines commencé d'une façon si menaçante pour la tranquillité européenne et terminé si sagement par la sentence du pape Léon XIII, acceptée par les souverains allemand et espagnol pour le plus grand bien de leurs peuples. Il s'était cependant passé des choses graves. Une canonnière allemande avait violé le territoire de Yap, l'île la plus occidentale des Carolines. L'officier allemand qui commandait le navire n'avait point tenu compte des protestations du gouverneur espagnol, impuissant à riposter par les armes à cet attentat militaire.

Et l'orgueil castillan s'était révolté. Des violents avaient arraché et brûlé le drapeau de l'ambassade allemande à Madrid.

Il y avait là de véritables motifs de guerre.

Sagement, les monarques Guillaume et Alphonse XII évitèrent l'effusion du sang.

Cet exemple n'est malheureusement pas toujours suivi, mais il prouve que l'on peut avoir confiance en l'avenir.

Est-ce à dire que les nations ne lutteront plus entre elles. — Non; mais la lutte changera de face. Elle se fera sur le terrain économique, ardente et féconde pour le bien général de l'humanité toute entière.

Ceci nous démontre aussi combien il est intéressant de rechercher quelles sont les vues commerciales et industrielles des chefs d'Etat, combien il peut être utile de donner moins d'importance au côté militaire de leur charge, de laisser le panache pour envisager le côté pratique qu'ils sont appelés à jouer en vue de la prospérité de leurs pays.

✦❊✦

Ecrire l'histoire d'Alphonse XIII, c'est fatalement remonter d'abord à la régence exercée par la reine-mère Marie-Christine et même au règne de son père Alphonse XII.

Il importe, en effet, pour apprécier le jeune roi, pour le suivre dans le développement de son pouvoir, de connaître l'état du pays au moment où il a posé sur sa tête la couronne d'Espagne. Nous verrons, en examinant rapidement les événements qui ont précédé la naissance et l'avènement de ce souverain, combien il a raison de diriger son pays vers le progrès économique et industriel.

La perte de Cuba qui fut un véritable désastre pour l'Espagne, a été pour elle une leçon. Comme la France en 1870, elle a dû méditer et travailler avec ardeur à sa régénération.

Alphonse XIII est à la tête d'un peuple intelligent,

courageux, que l'atavisme avait voué à l'esprit belliqueux. Et ce peuple a réfléchi, il a fait un retour sur lui-même. Il se souvient que dans le passé, il fut le premier par les arts et le commerce. Et il travaille. Il crée d'admirables cités industrielles... Voyez Barcelone.

Délivré des luttes politiques qui paralysaient ses efforts, il peut envisager l'avenir avec confiance et espérer reprendre bientôt la place que lui mérite son génie.

✦✵❉✵✦

La plus grande gloire d'Alphonse XII, le père du roi actuel, est d'avoir assuré à son pays cette tranquillité qu'il avait perdue depuis si longtemps.

L'histoire impartiale le juge aujourd'hui et le glorifie, oubliant les fautes personnelles et sans importance pour la marche en avant du pays.

Il est mort jeune, ayant accompli une formidable tâche, ayant fermé l'ère des *pronunciamentos* qui, en Amérique, désolent et ruinent encore les pays d'origine espagnole.

On dit que sa fin hâtive fut troublée par la vision d'une régence tourmentée remettant en lutte les partis irréconciliables abusant de la faiblesse et de l'impopularité de la reine, Autrichienne de naissance. Il mourait, ne sachant pas qu'il laissait un fils et que ce fils reprendrait vaillamment les belles traditions pour refaire la grandeur de la patrie espagnole. Ce fut peutêtre là, évidemment, pour le feu roi une terreur *in extremis;* mais nous verrons plus loin que cette appréciation est injustifiée. Aujourd'hui l'Espagne est heureuse, toutes les nations ont pour elle l'estime et la considération que mérite un grand peuple avec lequel il faudra bientôt compter dans la lutte pacifique commerciale et industrielle.

Né à Madrid, Alphonse XII François d'Assise-Ferdinand-Pie-Marie-Grégoire-Pélage (la liste de tous ses noms et titres serait trop longue) eut le bonheur de comprendre que l'Espagne, épuisée par ses luttes intestines, aspirait à un repos réparateur. Il eut le courage de s'atteler à cette rude besogne : la pacification inté-

rieure, le désarmement des partis dont les coups fai-
saient à la patrie commune des blessures profondes.

« Aujourd'hui, disait-il dans une proclamation faite
« en 1877 à Carthagène, aujourd'hui que la guerre est
« finie grâce au courage de l'armée et grâce aux sacri-
« fices de tous, il faut développer, protéger, encou-
« rager l'industrie et le commerce ; c'est à cette œuvre
« utile à mon pays que je désire me vouer.... »

Ce qu'Alphonse XII n'a pas eu le temps d'accomplir,
Alphonse XIII le fera.

Il a dû souvent méditer les nobles paroles que je
viens de citer et il a certainement conscience du rôle
bienfaisant qu'il doit jouer dans l'avenir pour régénérer
tout à fait l'Espagne.

Le premier mariage d'Alphonse XII fut un mariage
d'inclination. Faisant mentir la phrase de Talleyrand :
« L'amour chez les souverains c'est encore de la politique », il passa outre aux résistances du Congrès et à
la désapprobation de sa mère, la reine Isabelle.

Cette union célébrée le 23 janvier 1878 sous d'heureux auspices, la pacification de Cuba insurgée et
l'amnistie pleine et entière des délits de presse, fut
tragiquement terminée le 24 juin de la même année
par la mort foudroyante de la jeune reine.

Comme les malheurs se suivent, peu de temps après, Alphonse XII faillit être victime d'un régicide.

Et ici se place une réflexion, toute à l'honneur du défunt monarque, mais qui montre combien ceux que l'on croit tout puissants sont esclaves de leur pouvoir même, combien ils doivent faire litière de leurs propres sentiments.

Le roi voulait faire grâce de la vie à Moncasi qui avait tiré sur lui. Le Conseil des Ministres s'y opposa. Et Alphonse XII dût céder.

Nous avons eu en France un événement analogue. Carnot ne put faire grâce à l'anarchiste Vaillant et l'on sait quelle suite dramatique eut l'exécution de cet illuminé cherchant à récolter le bonheur en essayant de semer la mort.

Alphonse XII fut contrecarré dans un autre de ses desseins et la résistance qu'il rencontra chez ses collaborateurs a été funeste à l'Espagne. Il ne put imposer aux Cortès la politique de Martinez Campos, qui avait promis aux Cubains des droits politiques et municipaux, la liberté des esclaves, des réformes des Douanes. Respectueux de la Constitution espagnole, il recula devant le coup d'État. Cet événement est l'origine de la perte de Cuba pour l'Espagne.

Le 29 novembre 1879, l'archiduchesse Marie-Chris-

tine fut épousée par Alphonse XII et peu après le pouvoir ministériel passa aux mains de Canovas del Castillo.

Mais toujours préoccupé de la grandeur de son pays,
Alphonse XII s'opposa de toutes ses forces à la poli-
tique de compression à l'intérieur que lui conseillait
Canovas.

« Unissez-vous à moi, tous les jours plus étroite-
« ment, disait-il à son peuple dans le discours du Trône
« de janvier 1880, je souhaite non moins que vous la
« richesse, la liberté et la gloire de la patrie ; avec
« votre concours, il n'est pas impossible que l'Espagne
« parvienne un jour à tenir encore dans le monde le
« rang qu'elle a occupé jusqu'à ce siècle ; d'autres
« nations ont conquis la situation qu'elles n'avaient
« pas autrefois, il est temps que nous redevenions
« aussi ce que nous avons été jadis. »

Constamment, on le voit, le roi avait la préoccupa-
tion de la prospérité espagnole basée sur le travail, le
commerce, l'industrie. Mais, je le répète, en insistant,
ce que sa mort prématurée ne lui a pas permis d'accomplir sera accompli par son héritier Aphonse XIII
qui donne pour l'avenir les plus belles promesses.

Passons rapidement sur un incident qui faillit brouiller la France et l'Espagne, et qui singulièrement grossi par les passions affecta beaucoup Alphonse XII.

Il y avait douze ans seulement que le pavé de Paris avait sonné sous le talon de l'envahisseur et certains patriotes, peut-être plus violents que sincères, manifestèrent leur mécontentement d'une politesse faite par Guillaume II au roi d'Espagne qui venait de lui rendre visite.

De part et d'autre on comprit que la population toute entière ne pouvait être responsable de l'exaltation de quelques-uns et les rapports amicaux ne furent point rompus.

Aujourd'hui du reste, après la réception enthousiaste faite à Paris à l'héritier d'Alphonse XII, il n'est plus permis d'avoir le moindre doute. Le souverain espagnol n'avait pas eu du reste, la plus légère pensée d'offenser notre pays.

C'est en 1885 que l'histoire des Carolines survint. J'en ai dit un mot au début de cette étude. Ce fut le dernier acte du règne d'Alphonse XII.

Le 24 novembre 1885, le roi mourut à la suite d'une courte maladie et le 28 novembre, jour anniversaire de sa naissance, on descendait sa dépouille dans le Panthéon de l'Escurial.

Le défunt laissait deux filles, et l'une d'elles devait régner. Mais la reine Marie-Christine, enceinte à la mort du roi, mit au monde, le 17 mai 1886, un fils qui gouverne aujourd'hui sous le nom d'Alphonse XIII.

Pendant la minorité de son fils, Marie-Christine prit la régence d'Espagne :

La dignité de sa vie et la parfaite correction qu'elle apporta à l'accomplissement de ses devoirs constitutionnels, lui attirèrent les sympathies du peuple espagnol et ainsi les craintes d'Alphonse XII, que j'ai relatées plus haut, ne se justifièrent pas.

La régence de Marie-Christine fut cependant marquée par des événements douloureux pour l'Espagne.

Un *pronunciamento* du général Villa Campa faillit détrôner la souveraine.

Il échoua. Les insurgés furent condamnés à mort. Ici, une reine montra plus de ténacité qu'un roi.

Marie-Christine, avec énergie, s'opposa à l'exécution de la sentence et elle gagna, par cette attitude clémente, la reconnaissance du parti libéral dont le chef, Sagasta, tint le pouvoir jusqu'en 1895.

Deux grandes réformes sont dues à la Régente : l'établissement du Jury et les lois sur le suffrage universel.

Mais Cuba s'était de nouveau révoltée.

Deux ministères conservateurs, Canovas et Azcarragua, ne purent réprimer l'insurrection par la force, pas plus que Sagasta ne put l'apaiser par la concession de l'autonomie cubaine.

L'intervention des Etats-Unis, dans le conflit, réveilla le chauvinisme espagnol.

Marie-Christine, soucieuse de l'avenir de son fils, dont elle surveillait avec une touchante sollicitude la santé délicate, fit l'impossible pour éviter la guerre. Elle n'eut pas gain de cause contre le parti militaire.

Il y avait de la gloire à conquérir dans la grande île. Et, avec un aveuglement coupable, sans vouloir reconnaître la supériorité des armements américains, traitant presque avec mépris cette marine « bâclée à la hâte » par les Etats-Unis, et les « hordes » de volontaires qui s'organisaient avec la rapidité et l'esprit pratique propres à l'Amérique, les chefs militaires espagnols poussèrent activement au conflit.

Ils espéraient bien vaincre sans peine ces bandes, ces milices ! Mais ils étaient aveugles, ai-je dit; ils étaient aussi mal renseignés : ils ne savaient pas que ces milices étaient composées d'hommes résolus, admirablement armés et équipés.

L'Espagne n'opposait sur mer que des marins aux redoutables coups des ingénieurs américains.

Elle devait voir que la portée des fusils et des canons prime le courage, que la valeur de l'armement est le principal facteur de la guerre actuelle.

Et bientôt ce fut la déroute, le désastre.

Après la destruction de deux flottes espagnoles, après l'anéantissement des forces qui défendaient Santiago de Cuba, les Etats-Unis dictèrent les conditions de la paix.

L'Espagne, dans cette aventure que la reine-régente s'efforça d'éviter, perdit les Antilles, les Philippines et les Mariannes.

La leçon était dure, mais disons-le à l'éloge du gouvernement et du peuple espagnol, elle fut profitable.

Avec dignité, on fit taire le chauvinisme, on se mit au travail.

Les efforts de Marie-Christine affermirent en Espagne

le régime parlementaire, et le jeune roi, Alphonse XIII, règne aujourd'hui sur un pays recueilli et uniquement soucieux de son développement économique.

❖⁊❊❊⁊❖

Alphonse XIII, Léon-Fernand-Marie-Isidore-Pascal-Antoine, est né, comme on l'a vu plus haut, le 17 mai 1886.

Il a donc actuellement dix-neuf ans.

Comme son père, il a pris les rênes du char de l'Etat à dix-sept ans.

L'infant, dont la santé délicate inquiéta parfois la reine-mère, est devenu un robuste adolescent.

C'est un élégant cavalier, un homme instruit et d'esprit studieux et réfléchi.

Sérieux et grave, mais d'une gravité qui n'exclut pas la grâce, il apporte à l'étude des questions gouvernementales un zèle et une ardeur qui sont de bon augure pour son peuple.

C'est un rude héritage qui pèse sur les épaules de

ce jeune homme et cette pensée fut éloquemment traduite par un de nos hommes d'Etat, M. Hanotaux :

« Il est — écrit-il — le dernier né et si j'ose dire le
« Benjamin des souverains de l'Europe.

« Fils des grandes races, il recueille en lui la tra
« dition des Habsbourg et celle des Bourbon; il a
« dans les veines le sang de Charles-Quint et le sang
« de Louis XIV. Et il arrive à la vie en un temps où
« le métier le plus difficile est celui de roi, où la res
« ponsabilité la plus lourde est précisément celle de
« *l'héritier de l'avenir.* »

Cet avenir est rempli de belles promesses.

L'Espagne est un grand pays, sa population est laborieuse, à de rares exceptions près, et malgré son exubérance méridionale, l'espagnol est très apte aux affaires. Il a le sens commercial.

Certes le jeune roi, secondé par ses ministres et son parlement analogue au notre — Sénat et Chambre des députés — a beaucoup à faire pour atteindre à une organisation administrative bien homogène.

Mais, je le répète, il prend le pouvoir, dans un moment de calme, à une époque où les peuples ont d'autres visées que la gloire militaire. Il doit et il peut faire beaucoup.

Son penchant au travail, allié à un goût des sports modernes qui indique un tempérament bien trempé, le courage qu'il porte en lui et dont il a fait preuve lors du malheureux incident de la rue de Rivoli à son passage à Paris, sont de sûrs garants pour son pays.

Il est difficile de juger un homme avant qu'il ait agi. Il est également difficile de parler d'un roi dont le règne remonte seulement au 17 mai 1902, jour où il fut sacré solennellement.

Cependant, quand on connaît les qualités précieuses de ce jeune homme, d'apparence timide, mais résolu quand même, à la fois doux et énergique, quand on se dit que s'il sacrifie au panache et donne au métier des armes une assez large place — ce qui est naturel, puisque malheureusement, les peuples ont encore besoin de baïonnettes pour défendre leurs droits ! — il ne néglige pas l'étude des hautes questions sociales, il est permis de prévoir que, dans un temps très rapproché, l'Espagne aura pris dans le concert européen une place prépondérante.

Ce qui prouve combien le jeune monarque a le désir de faire progresser son pays dans la voie du commerce et de l'industrie, c'est le souci qu'il apporte à l'étude des moyens par lesquels il pourra arriver à la meilleure et à la plus prompte solution.

L'Espagne n'est dotée que d'un faible réseau de chemins de fer, en raison de son étendue superficielle (12,300 kilomètres pour 496,930 kilomètres carrés). — Alphonse XIII songe à augmenter ce réseau, à faciliter le transit avec la nation voisine. Et ce projet est pratique, attendu que le développement des côtes espagnoles dans la Méditerranée, sa situation tout à fait particulière près de l'Afrique, vers laquelle elle s'avance comme pour se fondre avec elle et aspirer tout le trafic de cet immense territoire, qui renferme, pour l'avenir d'incomparables richesses, permet à la péninsule hibérique de prétendre à occuper une place commerciale de premier ordre.

C'est dans la paix seulement et avec une sage administration que la réalisation de cet avenir est certaine.

❖❄❖

Alphonse XIII, et c'est le plus bel éloge que l'on puisse faire de lui, n'a nullement l'esprit belliqueux. Il a dû souvent méditer les nobles paroles de son père et les quelques actes qui ont marqué le début de son règne. — Notamment l'affaire du Maroc, trop brûlante encore pour que nous puissions en parler ici, — indiquent nettement la ligne de conduite du jeune souverain.

Au bruit du canon, aux étendards qui claquent au vent de la bataille, il préfère le bruit des marteaux sur l'enclume, le grondement des locomotives sur les voies de fer, le craquement du sol que fend la bienfaisante charrue.

L'Espagne a, du reste assez de gloire militaire.

Elle a besoin de travailler à sa richesse, elle a besoin d'utiliser son sol. C'est le plus droit chemin vers la puissance.

Alphonse XIII le comprend. Son règne se dessine paisible et fructueux pour le pays.

Qu'il me soit permis, en terminant cette courte étude, de dire au jeune roi :

— Sire, vous avez raison d'être studieux, vous avez raison de suivre la voie que votre père vous a tracée ; vous aurez mérité le titre de bienfaiteur de l'Espagne en la détournant des fumées du chauvinisme et en la poussant résolument sur le chemin économique, où se fera la lutte future entre les nations.

Vous voulez ne pas être en retard à vous engager sur cette route.

Bravo!... Vive Alphonse XIII !

JEAN D'YVELET.

PARIS. — IMPRIMERIE NOUVELLE (ASSOCIATION OUVRIÈRE)

A. MANGEOT, DIRECTEUR, 11, RUE CADET. — 1357-5.

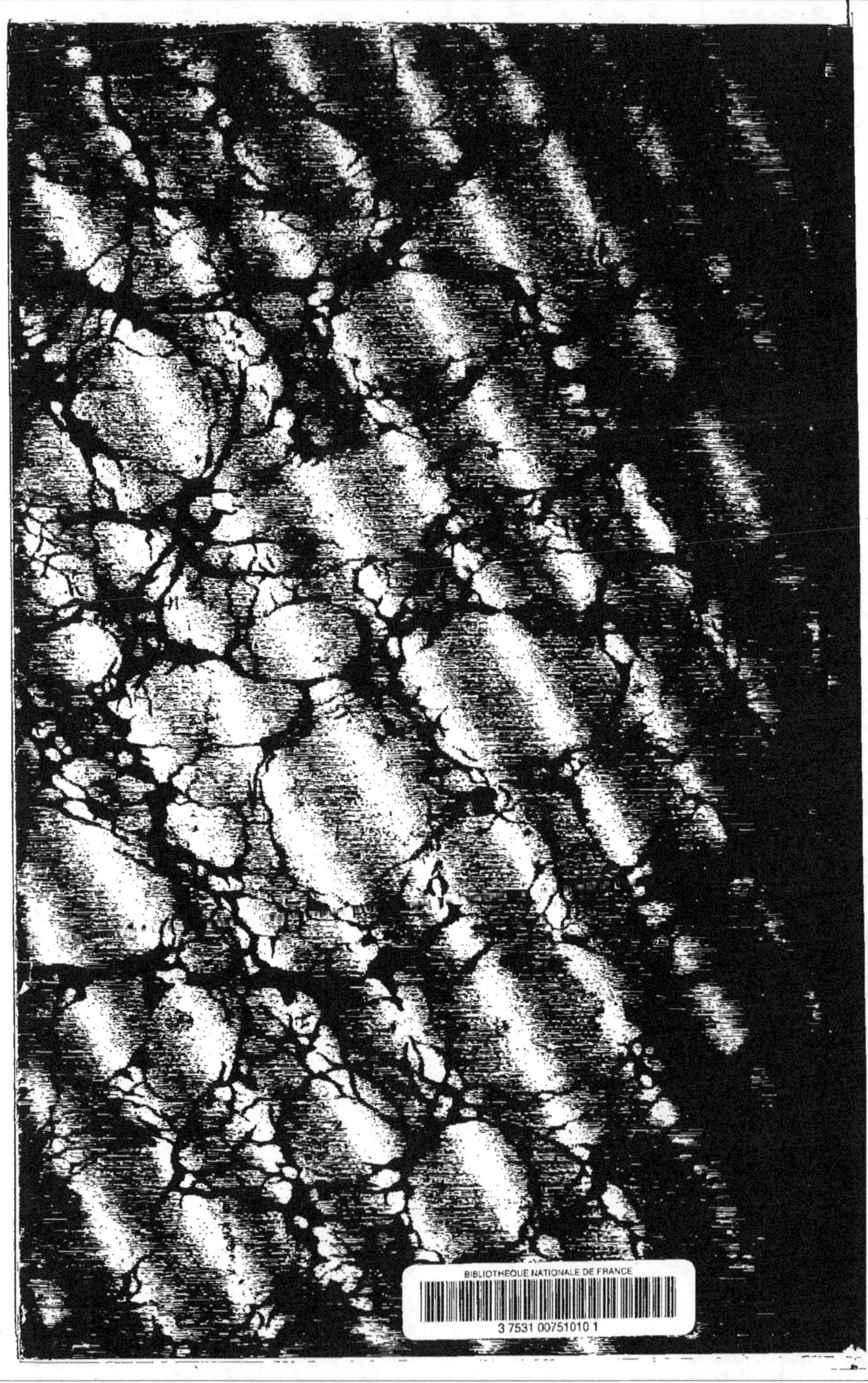

BIBLIOTHEQUE NATIONALE DE FRANCE
3 7531 00751010 1